Quels moyens avons-nous de faire cesser l'agitation générale et de rétablir la tranquillité en Europe, comme en France ?

———◆◆◆———

Voilà la véritable question qui devrait occuper tous les esprits raisonnables !

Que faut-il pour la résoudre ? Etre soi-même exempt de la fièvre d'ambition qui dévore maintenant tant de citoyens ; bien connaître les causes de nos dissentions civiles et politiques, et les vœux généraux que forment aujourd'hui les peuples ; être imbu des véritables principes qui seuls peuvent faire leur bonheur, et savoir remonter des effets aux causes, pour ne pas toujours retomber dans les mêmes fautes.

L'agitation générale qui règne maintenant en Europe provient du joug trop oppresseur que les rois ont fait peser sur les peuples, et du désir bien ardent, bien prononcé, que les peuples ont tous généralement conçu d'être libres, c'est-à-dire de faire leurs lois, pour se soustraire à l'arbitraire.

C'est parce que nous Français, avons voulu jouir de cet avantage, que nous nous sommes attiré, pendant soixante ans, la guerre et l'animadversion de tous les rois coalisés de l'Europe.

Dans cette longue lutte, les citoyens se sont partagés en deux camps, bien plus nombreux l'un que l'autre ; celui qui, en gouvernant, voulait être maître, et celui qui, se soumettant à être gouverné, ne voulait pas être esclave.

On comprend qu'à cette différence est attachée la différence de tribut à payer par les gouvernés. — Car si le pouvoir est arbitraire et sans limites, ses exigences sont toujours aussi sans limites et excessives ; tandis que si les gouvernés ont le droit de consentir l'impôt et de faire leurs lois, l'impôt ne court jamais risque d'être aussi disproportionné avec les besoins du gouvernement, ni les citoyens, risque d'être aussi opprimés.

Puisque d'un côté est l'intérêt des rois ou des gouvernants qui sont en plus petit nombre, et de l'autre l'intérêt des peuples ou des citoyens qui forment le plus grand nombre, on ne comprend pas comment depuis soixante ans que la question est agitée, le parti de la liberté n'a pas définitivement vaincu le parti de l'ambition ou du despotisme, et comment, au contraire, celui-ci a eu le plus souvent le dessus ?

Il faut que les gouvernés aient fait de grandes fautes d'imprudence, d'incurie ou d'inertie, pour se laisser vaincre et dépouiller de leurs droits, possédant dans leur sein toutes les forces de l'Etat ; ou que les gouvernants aient employé bien des ruses, bien de la corruption ou des violences, pour réduire ou pour retenir les gouvernés dans l'esclavage.

Avec cela, on parvient à expliquer, par la réflexion, ce problème qui a sa source, d'un côté, dans l'égoïsme, qui est aujourd'hui si fort répandu, et, de l'autre, dans l'isolement du peuple qui, étant sans guide pour se conduire contre les piéges que ne cesse de lui tendre son dominateur, reste soumis à toutes les impulsions qu'on a l'art de lui donner.

Dans un gouvernement absolu, le citoyen est obligé de retenir sa plainte, tout mouvement violent qu'il ferait pour briser ses fers serait puni de mort. — Dans un gouvernement représentatif, comme a été celui de la France depuis 1789, lorsqu'un prince règne, tout citoyen qui se sent en état d'être ministre cherche à lui plaire, et de là dérive l'impulsion donnée à toutes les ambitions. Ceux qui se sentent des talents moins élevés, visent à des places subalternes ; mais de proche en proche, toute la classe de gens instruits, ou qui se sent de la capacité, jette son dévolu sur les places du gouvernement ; son grand véhicule est l'intrigue et la cabale ; le peuple ne sait pas qu'en y cédant, il cède au culte des intérêts privés et personnels, et qu'il trahit l'intérêt de la patrie ou qu'il se trahit lui-même ; et voilà que, par surprise ou ignorance, le loup se trouve introduit dans la bergerie.

Autre raison, et raison principale pour laquelle depuis soixante ans le despotisme a toujours dominé tous les efforts qu'a pu faire la liberté pour s'établir même en France d'une manière complète et invariable : — c'est que les puissances de l'Europe, coalisées contre nous pour détruire notre révolution de 1789, sont toujours restées unies et qu'elles ont toujours depuis resséré de plus en plus leur alliance contre l'indépendance des peuples, d'accord avec les jésuites de tous les pays.

Elles nous ont fait voir, depuis la chute de l'empereur Napoléon, que la liberté qu'un peuple peut conquérir pour lui-même, contre son souverain, n'est rien tant qu'il ne jouit pas à leur égard de son indépendance nationale, et qu'elles peuvent se porter, avec toutes leurs forces, sur le territoire de ce peuple pour détruire son contrat social et lui donner un gouvernement conforme à leurs principes absolus.

Cette expérience avait fait voir clairement et sentir à tous les peuples qu'ils ne pourraient décidément être libres, c'est-à-dire jouir du droit naturel qui leur appartient de faire leurs lois, qu'en formant ensemble une coalition semblable à celle que les rois avaient depuis si long-temps formée contre eux.

De cette entente mentale entre les peuples devait résulter un nouveau droit public de l'Europe, en tête de laquelle la France devait rester, pour conduire la civilisation. — Le mouvement venait d'être donné et imprimé, à Paris, le 24 février 1848.

Mais, comme si nous n'avions pas encore acheté assez cher le droit d'être libres, c'est-à-dire de n'être soumis qu'à l'empire des lois faites par des législateurs de notre choix, le *socialisme* vint par tout répandre la terreur parmi les citoyens, et faire la plus heureuse diversion pour la cause des rois, et la plus fâcheuse diversion pour celle des peuples.

Il fut vaincu à l'intérieur; — mais, outre le plus pur sang des citoyens qu'il fit verser à Paris, cette victoire nous coûta le regret de ne pouvoir tenir les promesses que l'assemblée nationale avait faites aux peuples opprimés, et celui de voir se réaliser le pas rétrograde le plus fâcheux vers le despotisme contre la liberté.

Voici ce que nous écrivions le 24 avril dernier contre le socialisme :

Dieu a donné à l'homme la raison comme un flambeau pour l'éclairer et pour le diriger ; et la liberté comme moyen de faire des œuvres méritoires et déméritoires, et d'en retirer le fruit ou d'en supporter la peine.

C'est ainsi que l'homme est constitué, dans le monde, le propre agent de sa conservation, et que son intérêt le porte à ramasser dans sa jeunesse des ressources pour subsister dans sa vieillesse et pour faire subsister pendant ce temps sa jeune famille.

Ce qu'il gagne, ce qu'il acquiert ainsi par son travail et son économie, devient sa propriété ; chercher à le lui enlever, ce serait un vol, ce serait attenter et détruire l'ordre d'existence établi par Dieu même pour la vie humaine.

Le droit de propriété a été la première pierre fondamentale de la société et de la civilisation. Il a tracé les frontières des quatre parties du monde et celles des nations, les limites des provinces, des villes, bourgs et villages et celles de toutes les possessions individuelles.

Ce droit privé représente l'intérêt particulier de chacun, il en est l'âme et l'appanage, et sans cet intérêt individuel, la société serait inerte : les arts et les sciences n'auraient fait aucun progrès ; parce que l'aiguillon de l'amour propre et celui de l'émulation auraient manqué.

Les hommes sont bien créés pour vivre en société ; mais non pas pour mener une vie commune, pour habiter la même maison, pour vivre à la même table, aux dépens des revenus communs, parce qu'ils ont presque tous des goûts, un caractère et des penchants différents ; c'est pourquoi nos lois civiles ont consacré en principe que nul ne peut être contraint à vivre dans l'indivision, et ont, dans les familles, baissé la lance devant l'incompatibilité d'humeur.

Les doctrines du communisme, jugées au point de vue de la philantropie, heurtent donc de front tous ces principes reconnus, toutes ces vérités constantes.

Le communisme ne pouvant visiblement avoir lieu, le socialisme voudrait au moins que chaque homme eût un sort égal dans la satisfaction des besoins et dans les jouissances de la vie. Mais cette égalité n'existant pas dans la nature, dans les qualités intellectuelles et instinctives de chaque individu, ne saurait exister dans le mode et dans les moyens d'existence de tous. Aujourd'hui on ferait en France un partage égal entre eux de tous les biens, que demain l'inégalité de fortune reparaîtrait.

L'on ne dissimule pas que cette apparente tentative de faire jouir tous les citoyens d'une somme de bonheur égal, ne soit un grand attrait pour soulever les masses, pour passionner les ouvriers en faveur des utopistes qui la leur promettent. Mais c'est un leurre dont tous les hommes pauvres ont besoin de se garantir ou désabuser, et auquel ils doivent soigneusement s'attacher à fermer l'oreille.

Ce leurre a déjà fait le plus grand mal, n'eût-il fait que dégoûter des ouvriers du travail. Mais il en a fait un plus grand en faisant couler à grands flots, à Paris et ailleurs, le sang humain, et en allumant dans l'intérieur de la France une guerre sociale qui nous a privés de l'avantage et possibilité de donner secours, lorsqu'ils nous l'ont demandé, aux peuples à qui nous l'avions promis, et qui se sont jetés avec nous dans la guerre de l'indépendance contre les rois coalisés.

La guerre civile soulevée a nui par là au succès de cette grande guerre de l'indépendance entreprise contre la tyrannie monarchique ; elle a visiblement compromis la liberté de tous les peuples et la leur fera perdre peut-être tout-à-fait. Le socialisme a donc commencé le suicide de la patrie, et il le consommerait s'il ne s'empressait d'abjurer son erreur et de se retirer de la mêlée.

Pour semer et répandre son vertige trompeur, il a pris pour drapeau les trois choses que la république a prises pour devise : la *Liberté*, l'*Egalité* et la *Fraternité* ; et, au lieu que son but tende à les réaliser, il tend à les détruire et renverser complètement : car il plongerait tous les hommes dans la servitude la plus absolue, et les ramènerait à la barbarie la plus sauvage.

La liberté ne consiste pas dans la faculté de nuire à autrui, de le dépouiller de son bien, et de lui imposer les volontés du plus fort. Elle est le privilége pour les citoyens de n'avoir à obéir et de n'être soumis qu'aux lois, et d'être affranchis des caprices de l'homme. L'égalité promise par la Constitution n'est pas non plus l'égalité de fortune : c'est celle qui doit exister dans l'exacte répartition de la justice. La fraternité signifie l'assistance que tous les citoyens se doivent dans leurs besoins.

Mais cela n'est pas un droit que, dans le besoin, on soit autorisé à exercer sur personne. Le droit au travail tel que l'a conçu le socialisme serait un attentat direct au droit de propriété, et une menace perpétuelle de guerre civile

Si le philippisme, avec ses agents salariés et fonctionnaires législateurs, a été la guerre des riches contre les pauvres, ne faisons pas la guerre des pauvres contre les riches ; ne déchirons pas davantage le sein de la patrie ; cicatrisons, au contraire, ses plaies douloureuses ; bornons-nous à mettre un frein à cet égoïsme dévorant qui depuis trop long-temps, s'attache, comme une sangsue, à l'administration de l'Etat, et se jette sur sa proie comme un vautour.

Reportons notre pensée où elle doit aller, à l'idée d'assurer notre liberté par l'indépendance nationale.—Songeons que pendant qu'une alliance de rois pourra se jeter avec toutes ses forces sur la liberté d'un peuple, il n'y aura pas moyen d'être libre, et qu'aucun peuple de l'Europe ne pourra jouir de la moindre tranquillité, sentant toujours le canon braqué sur sa tête.

Si dans la Constitution de l'état social il y a des réformes à faire, ajournons-en la discussion jusqu'à ce que les peuples aient gagné leur cause contre les rois.

Voici ce que nous dirons maintenant au despotisme :

Vous auriez beau faire à présent, tous les peuples veulent être libres, et ils le seront malgré tous les moyens les plus adroits et les plus sérieux que vous pourriez prendre pour les en empêcher; leur cause est juste, ils réclament le droit de se gouverner eux-mêmes, de faire leurs lois conformes à leurs besoins, à leurs mœurs; rien de plus naturel ; chaque peuple s'appartient, ou doit s'appartenir ; car depuis long-temps on a dit, et personne n'a osé le démentir, que les rois sont faits pour les peuples et non les peuples pour les rois. Ces lois seront assises sur les principes de religion, de morale et de justice, qui sont maintenant la base de la civilisation générale. Ces peuples seront de plus judicieux arbitres que vous de leurs besoins, de meilleurs conservateurs de leur sang, de plus sages dispensateurs de leur argent ; en chacun d'eux réside la patrie, l'intérêt général, et ils seront de meilleurs interprètes que vous de leur dignité, de leur honneur ; ils sauront mieux que vous quand ils devront faire la guerre ou la paix ; ce n'est pas pour eux et pour leur avantage que vous aspirez à les gouverner, c'est pour le vôtre, c'est pour vous enrichir à leurs dépens, pour les pressurer et les opprimer selon votre caprice et vos goûts somptueux et dépravés.

Cet intérêt de votre part, si contraire à celui des peuples, se trahit à l'acharnement que vous avez mis et que vous mettez depuis soixante ans à empêcher que nous ayons un gouvernement représentatif pur, qui nous appartienne.

Toutes vos mesures n'ont tendu pendant ces soixante ans, en Europe comme en France, qu'à enchaîner les peuples de plus en plus, pour courber leur tête sous votre tyrannie, et pour les empêcher de vous échapper.

Seriez-vous si tenaces, si acharnés à prétendre les gouverner, si vous n'aviez à cœur que leur intérêt propre ? si la pleine domination sur eux ne devait rien vous rapporter à vous et à tous les auxiliaires qui forment votre cortége ; si, outre l'autorité souveraine, vous ne deviez pas en retirer de grands honneurs et de grandes richesses ? Non, non, cette tyrannie n'aurait pas eu tant d'attrait pour vous, pendant si long-temps, si elle ne vous avait pas été et ne vous était pas encore si fructueuse. — Cette domination, vous la voulez pleine pour être plus libres dans vos exactions, pour soumettre avec plus de facilité les peuples et les citoyens à la taille et à la corvée.

Depuis la célèbre révolution de 1789, qui délivra la France de l'intolérance religieuse et de la lèpre féodale, nous en avons eu deux autres, même trois, 1814, 1830 et 1848, et vous êtes venus vous incarner dans ces trois gouvernements, même dans celui de la république démocratique. — La restauration marchait à reculon, battant en brèche la charte octroyée, quoiqu'elle eût créé le privilége du cens, qui a été si désastreux; la fameuse constitution sortie des barricades de juillet, qui devait être une si chaste vérité, fit place à un simulacre de gouvernement représentatif plus révoltant que ridicule, où l'on voyait la plus grande partie des députés législateurs couverts du masque de Janus, et voter des impôts ruineux pour la nation, servant *deux maîtres*, le chef du pouvoir qui les salariait et la nation dont le mandat était gratuit, et qui était trahie par cela-même.

La corruption électorale avait tellement fait de progrès sous Louis-Philippe, que ce que le gouvernement provisoire nous donna, sous le nom de république, ne fut que le despotisme renforcé, accaparé par des mains dont certaines apparaissaient plus hideuses, et à travers lesquelles on entrevoyait surgir le socialisme et l'établissement de nouveaux impôts, qui semblaient créés tout exprès pour faire haïr la république à sa naissance et la faire avorter. C'en était mille fois plus qu'il n'en fallait pour produire une réaction funeste à la patrie. —Aussi les vaincus de la veille furent-ils vainqueurs le lendemain; aussi le pape a-t-il été restauré dans son pouvoir temporel; aussi les trois dynasties que nous avons eues depuis 1814, et notamment celles de la branche aînée et de la branche cadette des Bourbons, se sont-elles réunies pour déclamer contre la république et pour hâter le rétablissement de la monarchie.

On a accusé la république d'être l'auteur de tous les maux dont elle a été assaillie à sa naissance; et l'on peut croire que si le trône de France n'eût pas été disputé ou convoité par tant de prétendants, la restauration de Louis-Philippe ou de son petit-fils, le comte de Paris, eût suivi de très-près celle du saint Père.

Il serait inutile, en effet, de dissimuler que la république a beaucoup d'ennemis, n'eût-elle pour tels que les partisans des trois dynasties, les puissances étrangères qui l'ont en horreur, comme elles ont eu en exécration la première. Aussitôt qu'elle eut été proclamée, on imagina, pour la faire haïr et détester, on imagina, sous le ministère du brave et illustre général Cavaignac, de faire éclore des pléiades de journaux qui, sous des noms odieux et plus détestables les uns que les autres, rappellaient toutes les horreurs de la première révolution et en faisaient craindre le retour.

Pour établir quelque similitude dégoûtante entre la guerre civile du socialisme et les horribles boucheries de septembre 1792, et l'affreux carnage de 1793 à jamais maudit, on imagina des cœurs d'hommes et de femmes insurgés, atrocement barbares, qui se plaisaient à couper des têtes et des bras ou des jambes de corps morts, à faire boire à la troupe qui combattait les insurgés de l'eau-de-vie empoisonnée, ou à verser, dans les barricades, de l'eau bouillante sur la tête des combattants de l'insurrection.

Une enquête a été faite, aucun de ces faits n'a été prouvé ; leur étrangeté, et le sentiment d'horreur qu'ils étaient destinés à produire, prouvent trop à qui doit en être attribuée l'invention.

Pendant tout un temps, la plupart des journaux dynastiques n'ont pas tari d'invectives et de ridicule contre les républicains de la veille ; s'ils ne sont pas des démagogues, ce sont des rouges toujours prêts à bouleverser l'Etat, de sorte que, suivant les dynastiques, la confiance publique dans les affaires ne se rétablira jamais, tant que ce gouvernement, baptisé du nom de république, continuera de subsister.

Mais qui est-ce qui tient ce langage? qui est-ce qui fait tout les jours tant de déclamations calomnieuses contre la république? Est-ce l'intérêt national, l'intérêt public, la masse de la nation? Non : c'est l'esprit dynastique, qui désire qu'on revienne de la république à la monarchie! Et pourquoi ? Parce qu'il pourrait plus abondamment exploiter les finances de l'Etat, parce qu'il aurait à choisir de plus hautes places, et à percevoir de plus grands et de plus magnifiques traitements.

C'est donc l'intérêt individuel, l'intérêt privé et personnel qui parle par la bouche des monarchistes, qui font tant d'efforts pour tuer la république.

Il y a long-temps que ces intérêts individuels sont en mouvement et en conflit avec l'intérêt de la nation. — Le mouvement avait commencé avant même que Jean-Jacques eut entrepris son Emile, il y a près de cent ans, puisqu'il dit dans le premier livre : « L'institution publique n'existe plus et ne peut plus exister, parce qu'il n'y a plus de patrie, et qu'il ne peut plus y avoir de citoyens ; — ces deux mots, patrie et citoyens, doivent être effacés des langues modernes. — J'en sais bien la raison , mais je ne veux pas la dire. »

Il s'est prodigieusement accru depuis cet égoïsme, mais toutes nos révolutions l'avaient un peu abattu, notamment la grande de 1789, qui, malgré ses affreux et déplorables excès , réveilla l'amour de la patrie , et releva la dignité de l'homme , dont le front était un peu courbé sous le double joug du sceptre et de l'encensoir ; il fallut le retour des princes français avec les armées étrangères pour lui faire relever la tête. — Jamais il n'avait fait autant de progrès que sous Louis-Philippe ; ce fut sous ce règne qu'il fut porté au comble ; et la chute de ce prince le transmit tout palpitant à la nouvelle république , dont nous avons dit dans une profession de foi : Elle commence comme celle de Rome a fini , par *les brigues et les cabales*.

C'était un assez fâcheux pronostic , et l'événement en sera certain si les brigues continuent d'être le ressort de la république ; car un état n'est plus rien, toutes les fois que, pour s'enrichir , des gouvernants avides se jettent sur lui ou sur ses finances comme sur une proie.

C'est ce qu'Helvétius a très-bien démontré. — Quand dans un peuple , dit-il , le plus grand nombre des particuliers détachent leurs intérêts de l'intérêt public , ce peuple est *nécessairement malheureux au-dedans et peu redoutable au-dehors;* la durée d'un tel empire dépend du hasard , qui seul en retarde ou en précipite la chute.

Suivant lui, la simple tolérance d'un corps particulier, souffert dans l'état ennemi de la république , suffirait pour la renverser. — Ainsi, continue-t-il , si les prêtres du paganisme firent mourir Socrate et persécutèrent presque tous les grands hommes , c'est parce que leur bien particulier se trouvait opposé au bien public ; parce que les prêtres d'une fausse religion ont intérêt à retenir les peuples dans l'aveuglement.

Si les intérêts privés qui prédominent depuis si long-temps dans la politique devaient finir encore par avoir le dessus sur l'intérêt entier des nations, ou si , pour faire cesser l'agitation qui règne tant en Europe qu'en France et rétablir la confiance dans les affaires , vivifier de nouveau l'industrie et le commerce , il nous fallait forcément revenir de la république à la monarchie , aux risques de perdre pour toujours la liberté que nous avons acquise par tant de sacrifices , et si la nation finissait par s'y résoudre , qu'il fallût faire le choix d'un roi ou d'un empereur , entre les trois prétendants que nous ont donnés les dynasties déchues, je déclare franchement que mon vote serait pour le représentant de la dynastie la plus ancienne, bien qu'il dût avoir pour cortége naturel les descendants ou représentants des deux premiers anciens ordres de l'Etat ; mais à condition qu'il n'irait point chercher son passe-port en Angleterre, et qu'il ne viendrait pas accompagné des jésuites.

Je voterais ainsi, à ces conditions, non que je reconnaisse le prétendu principe d'inamissibilité de l'ancienne royauté que professait M. de Genoude; mais parce que le préjugé de la vocation au trône s'est établi depuis long-temps dans l'esprit de la plus grande partie de la nation en faveur de la branche aînée des Bourbons , et qu'on trouve dans cette branche, nos deux plus grands rois, Henri IV et Louis XIV, et que la France ne doit pas se séparer d'une si belle partie de sa gloire, bien qu'un peu ternie ou rembrunie par la torche du fanatisme ; parce qu'en outre , la division qui s'est établie dans l'Etat depuis la chute de Napoléon , mais principalement depuis l'érection du trône de juillet entre les légitimistes et les autres citoyens, y a produit une discorde funeste. Tous ces hommes recommandables qui tenaient à la sainteté du serment , qui étaient tous profondément animés de sentiments religieux , tous fidèles dépositaires de l'honneur que leur avaient transmis leurs ancêtres, qui avaient presque tous reçu la meilleure éducation, et possédaient encore, la plupart, malgré leurs malheurs, une grande fortune, ne pouvaient être traités dans les élections faites par les censitaires privilégiés comme des parias, sans que la France ne fût encore plus livrée à la domination étrangère, parce qu'étant plus désunie, elle était plus faible.

Au moins si les légitimistes ne faisaient plus un corps à part dans l'Etat, la nation serait plus compacte et plus serrée, plus capable de résister à l'étranger ; disséminés dans son sein et répandus sur son territoire, ils seraient, par leur caractère, par leur fortune et leurs talents, des points d'appui , des colonnes, au moral comme au physique ; en tout semblables aux hautes montagnes sur lesquelles viennent s'appuyer tous les attérissements du globe.

On ne trouverait cet avantage ni avec M. Louis Bonaparte, président de la république , quoiqu'il soit le représentant de la plus grande gloire qui ait illustré la France , ni avec Mgr le comte de Paris, à qui son aïeul n'a laissé que des antécédants misérables, contre lesquels la morale publique se soulèvera toujours par les souvenirs, parce qu'il avait mis en fermention tous les limons putrides et pestiférés qui pouvaient se rencontrer au fond des eaux et de tous les marais qui couvrent le sol français.

Mais c'est avec le malheureux Louis XVI, si bon, si religieux, si catholique, si digne d'un meilleur sort que celui que la tourmente révolutionnaire lui fit subir , que la guerre de la liberté contre le despotisme a commencé ; ce sont les princes, ses frères , qui eurent la mauvaise inspiration d'aller chercher du secours chez les étrangers qui sont venus deux fois ravager leur patrie , la morceler , la mettre à contribution ; nous ne sommes pas relevés encore de leurs meurtrissures ; ils nous tiennent encore sous le poids des traités qu'ils nous ont imposés en 1815. Ils nous ont tenus ainsi pendant trente-trois ans ; nous, la France, qui a été si grande et si puisante sous Louis XIV , sous Napoléon , nous sommes encore foulés sous le joug des puissances de l'Europe , sous le joug de l'Angleterre. — Celle-ci nous fait encore subir la visite de nos vaissaux ; nous lui avons payé l'indemnité Pritchard, qui a fait frémir d'indignation tant les légitimistes que les autres citoyens.

Faut-il que nous restions dans cet état, que nous nous résignions à cet état honteux de servitude et d'avilissement, nous , la première puissance de l'Europe , marchant à la tête de la civilisation ? faut-il que nous rétrogradions , que nous laissions notre révolution incomplète , que nous ne cherchions pas à assurer *notre liberté* , c'est-à-dire le droit de faire nos lois par l'indépendance nationale qui , jadis et même avant la révolution de 1789 , faisait le droit public de l'Europe ? Non , la raison nous défend d'y consentir ; l'honneur, la religion , la morale , nous le défendent également.

Ce n'est pas au moment où tous les autres peuples ont pris la résolution d'être libres, au moment où nous venons de les encourager, que nous devons leur montrer de la lâcheté. — Nous serions à jamais déshonorés à leurs yeux et aux nôtres. — Il faut que la civilisation marche , il faut qu'elle acquière son plus haut période de moralité, qui doit tout-à-fait la rapprocher et la mettre en harmonie avec le christianisme.

La force ne fait pas le droit , il faut tout-à-fait détruire ce principe horrible , ce principe sauvage qui fait encore toute la politique de la sainte alliance, qui s'est unie pour écraser tous les peuples qui voudraient être libres , qui vient encore tout récemment de faire usage de ce système horrible , d'accord avec le jésuitisme , et qui veut tout régir par la force , tout le genre humain , ni plus ni moins que si tous les hommes devaient tous être traités et gouvernés comme de vils troupeaux.

La religion ne veut pas cela ? Dieu a donné à l'homme le libre arbitre, il faut, pour qu'il puisse user de ce bel instrument, de cet instrument spirituel et divin, que tout ce qui marque pour lui un devoir ou une obligation, puisse se peser sur la conscience. — Il faut, par conséquent, qu'il ne soit pas l'esclave des autres hommes , qu'il ne dépende ni du caprice, ni de l'arbitraire , ni des passions d'un autre homme ; il faut, par conséquent, qu'il ne soit régi et gouverné que par des lois qu'il a consenties et des lois fondées sur les principes invariables et éternels de justice.

Voilà maintenant ce que tous les peuples de l'Europe veulent, et ce que la nation veut dans son ensemble.—Cette question, qui se débattait hier et qui se débattra encore demain, est plus importante que les petits intérêts, des intérêts mesquins qui se débattent dans les familles, dans les affaires, plus importante même que le maintien de l'activité du commerce et de l'industrie, car les intérêts moraux sont avant les intérêts matériels, l'âme est avant le corps et avant toutes les jouissances sensuelles. — Nous ne sommes plus au temps du sophiste Guizot, qui ne montrait à tous ses adhérents que le dieu Plutus.

Long-temps feu M. de Genoude a professé, avec la *Gazette de France*, comme devise adoptée par le duc de Bordeaux « *Tout pour la France et par la France!* » Voilà le moment, pour M. le duc et pour la *Gazette de France*, de le prouver. L'intérêt de la France doit, en effet, passer avant celui de tout prince qui serait destiné à la gouverner. La guerre que nous a suscitée l'ancienne dynastie des Bourbons nous a plongés, par ses suites, dans un asservissement ignominieux, que nous subissons depuis plus de trente-trois ans; elle nous a jetés dans un gouffre profond ; toute la grandeur et l'élévation de notre ancienne puissance si florissante, y est comme ensevelie; avant de songer à rétablir la monarchie, il faut songer à en relever la base.

Si Mgr le duc de Bordeaux veut régner, qu'il aille donc demander aux puissances étrangères les clefs de la France. — Qu'il obtienne d'elles la renonciation à leur turbulente politique qui tend à l'esclavage de tous les peuples, qu'il leur fasse reconnaître franchement que chaque peuple a le droit de faire lui-même sa constitution et ses lois, que sur tout nul d'entre eux n'a le droit de se mêler du gouvernement d'un autre°, telle forme qu'on lui ait donnée; qu'il leur fasse solennellement restituer, au traité du droit public de l'Europe, le principe d'indépendance des nations qu'elles ont violé en combattant si long-temps la révolution française, et dont elles ont même tout récemment étendu la violation à tous les autres peuples!

Alors la paix sera faite entre les rois et les peuples. — L'agitation qui règne partout en Europe cessera, et toutes les affaires civiles, industrielles et commerciales reprendront leur libre cours et activité.

Quoi ! c'est un droit si simple et si sacré, celui réclamé par les peuples, de faire leurs lois, qui causera la guerre de la part des monarques? c'est une prétention si juste et si naturelle de la part de la nation française qui lui aura suscité une guerre de soixante ans, guerre qui dure encore ! c'est donc la barbarie qui le dispute à la civilisation ?

Et pourquoi, s'il vous plaît, les hommes nés sur le trône ou dans les hautes régions du pouvoir aspirent-ils tant à gouverner les peuples ? pourquoi veulent-ils être despotes ou tyrans ? Bien évidemment c'est pour mieux pressurer, pour mieux dépouiller les peuples de ce qu'ils peuvent gagner à la sueur de leur front, pour s'ériger en dieux sur la terre, pour avoir de beaux palais et se plonger dans toutes les jouissances du luxe et de l'opulence.

Dieu a-t-il permis cela ? Cette politique de la sainte alliance est donc une politique sauvage, qui est condamnée par tous les principes de raison et de justice.

Si Mgr le duc de Bordeaux n'en peut obtenir l'abdication de la part des puissances de l'Europe, s'il ne peut rien par lui-même, il faut donc qu'avant de songer à lui, avant de penser à le faire roi, la France s'occupe elle-même de l'accomplissement de son vœu, qui est aussi sa devise : *Tout pour la France et par la France !* Il faut qu'elle se relève elle-même de son abaissement, qu'elle secoue le joug des puissances, qu'elle reconquière son indépendance nationale, marchant en cela d'accord, s'il est nécessaire, avec tous les autres peuples ; elle ne la reconquerrait pas étant en monarchie, ayant un roi à sa tête, car l'intérêt de ce roi serait contraire à celui de la nation, ce roi aurait le même intérêt que les autres rois de la sainte alliance, ses frères, qui lui imposeraient d'ailleurs leur volonté comme ils l'ont imposée, pendant toute la restauration et tout le règne de Louis-Philippe, aux princes qui ont alors occupé le trône.

Nous reconstituer en monarchie dans cet état, ce serait d'abord trahir la cause des peuples qui est celle de Dieu même; ce serait ensuite nous courber de nouveau et pour toujours peut-être sous le joug de la sainte alliance, sanctionner notre abaissement, et continuer à nous reconnaître les vassaux de l'Angleterre ! Non, jamais des Français raisonnables, des Français qui ont du cœur et de l'honneur, et qui ne veulent pas s'enrichir aux dépens de la patrie, ne feront cela.

Les apôtres, les martyrs de la religion catholique sont bien morts pour la faire triompher dans le paganisme ; les bons Français, ceux qui ne sont pas pourris par les avides appétits que fait naître l'adoration du veau d'or, doivent mourir pour le triomphe de la civilisation et de la morale publique, ils doivent mourir, s'il le faut, pour briser le joug de toute tyrannie.

Nous ne pouvons reconquérir cette indépendance nationale que tout les peuples réclament avec nous qu'en conservant le gouverne-

ment républicain que nous avons, en le défendant et maintenant en-
vers et contre tous ; cela est visible, il est impossible de le con-
tester de bonne foi.

Cette indépendance nous est aussi nécessaire que la vie, aussi nécessaire que la liberté , puisque nous ne pouvons rien faire de celle-
ci sans l'autre , et que le premier de tous les biens est l'honneur,
aussi bien pour un peuple , et encore plus pour un peuple que pour
un particulier.

Qu'on ne vienne pas nous dire qu'un gouvernement monarchique
est plus propre à former de bonnes mœurs qu'une république !
nous le démentons , et nous en avons pour garants la définition du
principe des deux gouvernements. — Dans la monarchie, tous les
regards se tournent vers le prince, et il s'échelonne sur lui toute une
lignée de serviteurs et de valets. — Dans les républiques , tous les
regards , au contraire , se portent vers la patrie ; nous en avons
encore pour garants tous les exemples que nous ont donnés les
anciennes républiques ; leur existence fut l'époque des vertus, ex-
cepté , sur la fin , lorsqu'elles se laissèrent gagner par la corruption.

La nôtre , il est vrai, a commencé sous un hideux aspect. —
Mais du passage du gouvernement de Louis-Philippe, qui a été
peut-être le plus corrompu de tous les gouvernements dont l'his-
toire puisse faire mention , à l'adoption du nouveau gouvernement
républicain , l'intervalle imperceptible a été trop court pour que
les mœurs eussent pu se purifier du contact de la corruption qu'elles
en avaient reçue.

Qu'on ne nous dise pas encore qu'un grand Etat comme la France
ne peut être gouverné long-temps en république ! nous le savons ,
et en cela nous sommes de l'avis de Rousseau et de Montesquieu ;
mais il est des choses dont on doit subir la nécessité et qui font
lois. — Jean-Jacques et Montesquieu , parlent d'une situation
normale, et nous sommes dans une situation tout-à-fait anormale.—
Nous avons bien été obligés de nous constituer en république lorsque
nous avons vu que les rois que nous avions eu à notre tête tra-
vaillaient avec les rois de la sainte alliance à nous faire rétrograder
vers le moyen-âge, à détruire toutes les idées libérales , à nous enlever peu à peu toutes nos libertés conquises, qu'ils se disposaient
à rendre tous les peuples esclaves, pour leur faire subir de nouveau
le régime du bon plaisir et de tout l'arbitraire qu'on pourrait imaginer ; nous avons bien été obligés de nous reconstituer en république pour la seconde fois , quand nous avons vu surtout que nos rois
constitutionnels séparaient tout-à-fait leur intérêt de celui de la France,
que, pour conserver un trône dont les puissances leur faisaient ache-

ter si cher les délices , ils souffraient que la France fût régie comme
province conquise , presque comme province anglaise , et qu'ils ré-
glementaient, en quelque sorte, notre servitude ; car elle était déjà
établie par les traités de 1815 , et les anglais y ajoutèrent de plus la
soumission au droit de visite de nos vaissaux.

Des Français ne sont pas faits pour subir volontairement et de gaité
de cœur la honte de la servitude.

Et voilà ce qui nous a forcés à nous reconstituer en république et
nous oblige à y vivre jusqu'à ce que nous ayons opéré notre
résurrection politique et rétabli notre grandeur et notre importance
comme nation , si non au rang qu'elle s'est élevée sous Louis XIV
et sous Napoléon, au moins à celui qu'elle occupait lors de la guerre
d'Amérique ou des Etats-Unis.

La proclamation de notre république a été salué , il est vrai ,
par un cri de misère — Mais ce n'est pas la république '
qui n'a existé et qui n'existe encore que de nom , qui a ruiné la
France. — C'est le règne de Louis-Philippe qui a fini d'appauvrir
nos finances ; la restauration avait commencé, Si le trésor n'était
pas tombé si fort dans la détresse , ce prince se serait soutenu encore long-temps, mais il fallait de nécessité que sa puissance
s'affaiblît à mesure que les moyens de corruption, qui étaient son
principal levier , diminuaient.

Depuis sa chute , l'agitation a toujours continué , nous en convenons; le commerce et l'industrie n'ont pu entièrement reprendre, nous
en convenons aussi. — Mais croit-on que le retour à la monarchie
nous rendrait la tranquillité, qu'il ferait cesser , par enchantement ,
la détresse publique ? Il n'y a que des monarchistes qui sont âpres à
revoir ce régime pour avoir plus de terrain à fouler et à exploiter qui soient capables de tenir ce langage ; nul autre n'oserait émet-
tre une telle pensée ?

Pourquoi donc Louis-Philippe n'a-t-il pas rendu la France heureuse avec tous ses privilégiés favoris ? Pourquoi n'y a-t-il eu qu'un
seul cri de la part de toute la nation non corrompue contre son règne ? Pourquoi tous ces banquets parlementaires et démocratiques
qui vociféraient contre la corruption qu'il employait, et qui deman-
daient , comme nous, à grands cris, la réforme électorale ?

Les prétendants au trône seraient-ils la panacée universelle qui
guérirait les Français de tous leurs maux ? Feraient-ils renaî-
tre en France la tranquillité et l'abondance? Mgr le duc de Bordeaux
ou M. Louis-Bonaparte , président de la république, l'un ou l'autre,
s'il était élu roi, apporterait-il la corne d'abondance capable de
faire revivre de suite le commerce et l'industrie , de rétablir tout-
à-coup et en grande abondance le cours de l'argent, et de raviver le
crédit public ?

Ah ! mon Dieu, tous leurs nouveaux adhérants, employés et fonctionnaires de prédilection, ne seraient qu'autant de nouvelles sangsues, autant de flatteurs ou gens affamés qui retomberaient de tout leur poids sur le budget de l'Etat.

Et quelle serait notre nouvelle position, après l'élection ? les trois partis dynastiques qui se seraient unis pour renverser la république se sépareraient de nouveau et se feraient une guerre encore plus acharnée que jamais, en se rattachant au parti vaincu qui aurait soutenu la république; l'Etat appauvri serait encore mille fois plus appauvri, et la France resterait toujours et de plus en plus livrée à la merci des puissances étrangères.

Voilà la belle prespective, la belle situation où MM. les monarchistes cherchent à nous entraîner ! ils nous ont plongés, à l'aide de l'étranger, dans un abîme profond, pour tâcher de reconquérir le pouvoir qui leur était échappé en 1789, ils voudraient nous faire consentir à nous précipiter encore dans un plus profond ! c'est une vraie moquerie, c'est nous prendre pour des enfants.

Ils ne parlent que pour eux seuls, pour leur intérêt personnel et privé. Mais nous, nous parlons ici dans l'intérêt général, dans celui de la nation, en vue de laquelle tout doit se faire.—Elle a plusieurs choses à soigner, elle a à revivifier tous les canaux obstrués ou oblitérés de la prospérité publique.—Mais elle a d'abord à sortir du précipice où on l'a jetée, elle a à relever d'abord sa grandeur et sa puissance, et elle ne peut le faire qu'en couronnant ses trois révolutions de 1789, 1830 et 1848, en assurant sa liberté par la conquête de son indépendance nationale, marchant, s'il le faut, d'un commun accord avec tous les peuples.

C'est là la grande question politique et morale à résoudre et qui est en débat. —Maintenant qu'on ne croie pas que l'agitation puisse cesser en Europe pas plus qu'en France que cette question ne soit vidée et résolue, et il faut qu'elle le soit pour le bonheur des peuples, pour que leur tranquillité ne soit pas troublée à tout instant.

La justice le demande, et la voix de cette justice s'est faite entendre à toutes les consciences qui ne sont pas endurcies ou égarées par l'égoïsme.

La satisfaction de l'âme doit, comme nous l'avons dit, passer avant celle du corps. — Les richesses d'un Etat ne peuvent être rétablies tout-à-coup, surtout quand elles ont été ruinées ou détruites par le luxe ; il n'y a qu'une grande tempérance long-temps observée qui puisse les réparer.

C'est le luxe qui a tari les nôtres, ce sont les grandes dépenses qui nous ont été imposées, les énormes contributions de guerre dont nous avons été frappés. — Jamais nul règne n'avait été plus brillant et plus riche que celui de Napoléon La domination que la France avait exercée sur l'Europe lui avait valu des ressources immenses. — Lorsque la restauration reprit le timon des affaires , l'esprit de toutes les anciennes castes reparut dans toute sa splendeur , jamais le budget n'avait eu plus de pensionnaires ! combien de misères le trésor public ou la liste civile n'eurent-ils pas à soulager ? Le luxe fut à l'égal de l'orgueil , de la vanité, et le luxe créa des manufactures par enchantement, et fit sortir des ouvriers des campagnes par milliers. — On fabriquait , fabriquait ! on ne pouvait pas assez fabriquer ; on rivalisait de vanité de proche en proche; tout petit particulier voulait en singer un plus grand , et faisait plus de dépense que son revenu ne pouvait le lui permettre; dès lors tous les biens fonds se couvrirent d'hypothèques ; sous Louis-Philippe , la sainte alliance nous faisait faire la police de l'Europe et nous faisait payer les frais de notre propre gloire. — Mais les capitalistes grands et petits , vivant de leurs revenus, ne peuvent pas toujours fournir de nouveaux capitaux ; quand les ressources furent taries, le luxe tomba , la débacle arriva. — Les sinécuristes qui perdaient leurs places et n'avaient pas l'espoir de les conserver étaient forcés à l'économie. — La consommation fut arrêtée , et ces nombreux ouvriers qui avaient été agglomérés dans les fabriques furent contraints d'en sortir sans travail, n'ayant, pour ainsi dire , aucun fait la moindre réserve , et voilà la capitale et plusieurs villes de fabriques retentissantes des cris plaintifs de la misère publique , voilà des faillites accumulées sur tout le territoire français !

C'est du sein de ces cris déchirants de misère que sortit le socialisme. — Voilà pour un Etat de quoi trembler !

On perd la carte, on détourne ses regards de l'origine ou cause de cette catastrophe , de la véritable cause de tous ces malheurs , et on abandonne le culte de la liberté pour s'abriter sous le despotisme, c'est-à-dire sous le système brutal et sauvage qui est l'auteur de tous nos maux ; grande incartade ou imprévoyance que nous avons à redresser ou réparer.

Cette grande détresse financière dont nous sommes frappés est cependant plus factice que réelle, elle est peut-être un moyen salutaire que la Providence nous a envoyé pour mettre dans le gouvernement nos dépenses en harmonie avec nos revenus. — Pourquoi, dans une ré   li ue, faire autant de dépense que dans une monarchie, où a ressource   araissent si grandes ? — Pourquoi Napoléon ne d pensait-il pou l dministration de tout son empire , qui était si vaste, que sept à huit cent millions, ayant à entretenir sur pied un million de soldats, tandis que la restauration en dépensait neuf cents? Et pour quoi la restauration ne dépensant que neuf cent millions, Louis-Philippe a-t-il progressivement augmenté ce taux jusqu'à seize cent millions? Et pourquoi encore, lorsque nos ressources ont si fort diminué, la république dépenserait-elle davantage ?

S'abandonner à un tel système de prodigalité, lorsque tout commande, au contraire, d'être non-seulement économe, mais même avare, ce serait encourager, exciter davantage l'égoïsme, qui fait tout le mal de notre époque, au lieu de le réprimer, au lieu de forcer les fonctionnaires publics, par la modération de leur traitement, à donner à tous les citoyens le bon exemple de l'économie et de la tempérance, dont presque tous, pendant ce temps de folie et d'orgueil, se sont si prodigieusement écartés; persister dans ce système de prodigalité, ce serait précipiter tout-à-fait l'Etat vers sa ruine. Fort peu de français pourraient payer leurs contributions, la plupart émigreraient, abandonneraient le sol, la population décroîtrait à vue d'œil peu à peu, et le territoire ne deviendrait que plus tôt la proie de l'étranger.

Qu'on ne parle donc pas d'augmenter la masse des impôts pour faire face aux frais d'administration ; qu'on s'applique bien plutôt à les diminuer et à accoutumer les citoyens à mettre généreusement leurs bras et leurs têtes au service de la patrie.

Le projet d'impôt dont M. le ministre Passy se propose de frapper le revenu est, à notre avis, le plus injuste et le plus impolitique qu'il fût possible d'imaginer, car, outre qu'il tendrait à reproduire l'impôt progressif qu'a rejeté l'assemblée nationale, il donnerait pleinement dans le socialisme, il condamnerait l'homme laborieux et économe à payer la dette du fainéant, du dissipateur et du prodigue. — Ce impôt aurait le même défaut que la solidarité des rentes secondes, foncières et seigneuriales d'autre fois, qui mettait le tribut du tenancier paresseux à la charge du tenancier laborieux et économe, et forçait, par conséquent, le cultivateur à ne pas arracher du sein de la terre plus de grains qu'il n'en était nécessaire pour sa subsistance, ce qui était indirectement frapper l'agriculture de stérilité.

Le revenu d'un citoyen, tel quel, doit lui appartenir, parce que sa fortune est censée le produit de son travail et de ses épargnes. — S'il en était autrement, l'émulation cesserait parmi les citoyens. — On remplacerait l'activité par la paresse. — Il ne se ferait aucune découverte ni dans les arts ni dans les sciences. — La vie deviendrait toute monotone et ne serait remplie que de vices et d'abus.

Voilà à quoi tendent les beaux systèmes de socialisme! — Ils ne pensent pas qu'ils attaquent tout le moral de l'homme, qu'ils tendent à le détruire, c'est-à-dire à faire des hommes sans âme, quand ils veulent établir une progression d'impôts sur les riches, outre l'impôt ordinaire.

Cela s'est vu dans le temps de la diffusion de ces funestes doctrines. — Déjà un grand nombre d'ouvriers s'attendant à partager les biens, ou à vivre sur le commun, commençaient à se dégoûter du travail. — Ils ne se fatiguaient pas beaucoup quand ils allaient à la journée. — Et très-souvent ils refusaient leur secours aux propriétaires qui en avaient besoin. — On les avait bien vu faire diminuer leur journée de deux heures de travail par jour.

Et puis les contribuables qu'on croit riches peuvent être pauvres. — Personne ne connaît les dettes secrètes d'autrui; pour déterminer ce revenu, il faudrait établir un tribunal inquisitorial, se jeter dans l'arbitraire, risquer de faire les taxes les plus injustes et donner lieu à mille désordres.

Une telle conception financière ne saurait avoir l'approbation de la nation. Il faut que tout homme, dans un État, reste le fils de ses œuvres, et que chacun puisse jouir du fruit de son travail, et être le libre dispensateur de sa fortune, saper cette base de propriété, ce serait attenter à toutes les bases de la civilisation

La chute du luxe a pu grandement restreindre, comme par tout, notre commerce et notre industrie. — Les affaires peuvent être encore déplorables. — Mais il faut que nous le souffrions patiemment, non-seulement pour cette raison, mais encore parce que la grande lutte de l'indépendance qui est engagée entre les rois et les peuples entretient l'agitation partout en Europe, et que cette agitation ne cessera que quand la lutte sera vidée.

Il faut qu'elle le soit maintenant que les peuples en ont pris la résolution; si ce n'est pas aujourd'hui, ce sera demain. On aurait beau faire sur eux quelques petites escarmouches pour les retenir plus long-temps sous le joug ou pour les empêcher d'user de leur droit de citoyens, maintenant que la conscience de leur droit a passé dans leur opinion, on ne les fera jamais consentir à continuer de vivre en esclaves, ils seront toujours prêts à se révolter; — plus on voudra les surveiller, plus on les irritera, et plus on les irritera, plus leur révolte sera dangereuse, parce qu'en effet ils ont pour eux la religion, la justice et la morale, et que nul potentat n'a le droit de retenir un peuple dans les fers.

Il suffit que cette grande querelle tienne en haleine tous les peuples de l'Europe, et que le bonheur de tous en dépende, pour qu'il soit instant de la résoudre au plutôt.—Ce n'est pas un des prétendants devenu roi de France qui la résoudrait au profit de la France et des peuples, il faut donc qu'elle soit résolue par la république.

C'est une grande vérité qu'en vain on voudrait dissimuler. — La France souffrira pendant cet intervalle de perplexité, elle souffrira un peu dans ses affaires privées, mais elle souffrira comme fait le malade pendant le temps qu'il met à prendre des remèdes pour le rétablissement de sa santé; elle souffrira un petit instant pour s'éviter de souffrir toujours et pour s'acquérir une base de sécurité et de tranquillité perpétuelle. Elle voit que la liberté qu'elle a conquise n'est rien pendant que cette liberté est mise en conteste par les rois; pendant qu'ils se tiennent liés et associés pour fondre sur le territoire des peuples qui veulent se soustraire à leur prétendu droit de force brutale et se gouverner eux-mêmes par des lois sages qui seraient combinées d'après leurs besoins! La France, tenue sous le joug depuis trente-trois ans, voit que, pour mettre à couvert sa liberté des attaques des puissances étrangères, il lui faut de plus l'indépendance nationale, ce qui manque à tous les peuples. Outre cette conquête à faire, la république a bien des abus à corriger, abus que lui a laissé le régime monarchique du temps du privilége de cens. Il est inutile d'en faire ici le dénombrement.

Ce qui a contribué à faire à la France une position si contraire à la liberté et si favorable au despotisme, c'est que l'intérêt général de la nation n'a eu proprement presque aucun journal pour sa défense, tandis que l'*esprit* de parti a multiplié ses organes à l'infini, ce qui a toujours donné, par tout pays, la plus grande facilité à corrompre, à tromper ou égarer l'opinion publique !

Le gouvernement réprimait ou appuyait ces journaux d'esprit de parti selon qu'ils étaient hostiles ou favorables à son système; mais quand le gouvernement, depuis la restauration jusqu'à la république de 1848, a t-il marché d'accord avec la nation? et la nation n'avait, dans presque aucun département, presque aucun moyen de contrôle? — Rien n'était plus sacré que la liberté des élections, et le gouvernement de ces temps là y a opposé presque toujours son empreinte, même le gouvernement provisoire de la république.

Et on l'a souffert ! Cet abus a presque toujours passé en force de chose jugée! Comment voulez-vous que, d'après cela, nous puissions avoir un gouvernement représentatif ?

Comment voulez-vous que nous l'ayons lorsque toutes les élections se font par brigues et par cabales, que l'on va quêter les voix jusque sous le chaume? N'est-ce pas mettre en mouvement tous les intérêts personnels et leur livrer la patrie, la livrer à l'insatiable égoïsme ?

Le moyen, après cela, d'avoir une ombre de justice ? le moyen d'empêcher que tous les intrigants, tous les spéculateurs avides ne viennent se jeter, comme des sangsues, sur le budget, et pressurer la bourse des contribuables ? le moyen d'empêcher qu'on accumule toujours impôt sur impôt ?

Ah ! je le déclare bien sincèrement, si de nos jours un gouvernement représentatif ou républicain devait être ainsi, j'aimerais mille fois mieux le règne d'un despote sans électeurs ni députés; au moins la sévérité d'un tel gouvernement serait toujours armée contre les ambitieux ou les têtes sans cervelle qui voudraient bouleverser l Etat, ainsi qu'a voulu le faire le socialisme doctrinaire ?

Mais si je défends la liberté contre le despotisme, c'est que je vois que tous ces abus ne viennent que de l'esprit de parti, que les mœurs constitutionnelles ne sont pas encore formées, et que, quand elles le seront, cet esprit sera réprimé, et qu'on épurera scrupuleusement, qu'on cimentera fortement le domaine de la justice.

En attendant, il faut un peu souffrir, mais ne pas permettre qu'on touche à la république, seul moyen, comme je l'ai démontré, de couronner nos trois révolutions. — Dieu merci, si nos finances sont appauvries, nous sommes loin d'un état absolu de ruine, il n'y a de privation de travail que pour une partie des ouvriers de luxe, on aura peut-être de la peine à leur faire reprendre leur premier métier et les refouler dans l'agriculture, mais il faudra bien qu'ils s'y résignent s'ils ne trouvent pas de travail dans les fabriques.

Dieu merci, en France, avec les sentiments d'humanité et de charité dont sont animés tous les citoyens, personne ne court risque de mourir de faim, car il y a du blé pour trois ans, jamais il n'avait été aussi bon marché; on défricherait en vain toutes les landes de la France qu'on n'augmenterait pas d'un centime l'aisance et la prospérité publique; au contraire, il faudrait construire des greniers qui coûteraient beaucoup et accumuler en tas des grains qui se pourriraient faute de débit et de consommation, et qu'il faudrait ou faire manger aux bestiaux ou jeter à l'eau.

Voilà comment M. Considérant aurait bien réussi à rétablir l'abondance en France, et surtout à y faire circuler l'or et l'argent, comme du temps de Napoléon, si on lui eût donné douze mille ou douze cent mille hectares de terrain à défricher ?

Nous avons donc prouvé que l'agitation qui règne en France vient de plus loin que du socialisme, qu'elle règne dans toute l'Europe, et qu'elle provient surtout de la lutte ouverte entre les peuples et les rois pour conquérir l'indépendance nationale des peuples ; — qu'elle durera jusqu'à que cette question soit vidée ; — que, par conséquent, il est important de la résoudre plus tôt que plus tard, et que nous ne pouvons la résoudre qu'en restant en république. Nous avons prouvé qu'il n'y a que l'esprit monarchique, c'est-à-dire l'intérêt privé et individuel qui vocifère contre la république, et qui voudrait revenir à la monarchie; que ce retour compliquerait notre position et la rendrait mille fois pire. Nous avons prouvé que le premier vice à extirper c'est l'égoïsme ; qu'au lieu d'augmenter la masse des impôts, il faut les diminuer et abaisser le traitement des fonctionnaires publics, mettre les dépenses de l'Etat en proportion avec ses revenus; que le peuple peut souffrir dans la satisfaction de ses besoins pécuniaires, — mais non dans ses besoins purement alimentaires, — que jamais le blé ne fut aussi bon marché en France.

Nous avons prouvé enfin que le projet de l'impôt proportionnel sur le revenu, conçu par le ministre des finances, est contraire à toute justice; qu'il tendrait indirectement au socialisme, dépouillerait le propriétaire du fruit de ses travaux, qu'il ferait payer par l'économie de l'homme laborieux, le tribut dû par l'homme prodigue, dissipateur ou paresseux, qu'il attaquerait la base de la civilisation même. — Nous avons prouvé d'ailleurs qu'un tel système serait tout-à-fait impolitique, qu'il mènerait à l'inquisition et à toutes sortes d'erreurs et d'injustices, qu'il serait plus désastreux que la solidarité des rentes qui fut abolie lors de l'abolition de la féodalité, que de plus il serait impraticable.

H. GILLIER.

Septembre 1849.